JN437959

행복합니다

박복수 시집

을지출판공사

■ 자서

후회하지 않기 위해 시를 사랑하며

시를 쓰는 일은 지금도 설레임 같은 것이 있어서 그런지 몰라도 작은 내 마음은 나비를 닮고 싶었는지 책 향기에 팔랑거립니다.

시를 쓴다는 것은 잃어버린 그 무엇을 찾는 보람 있는 삶을 살고 있다는 것을 느껴 봅니다. 많은 지인들이 시인이라 칭하지만 시집 한 권 상재하지 못하고 살아온 시간을 뒤돌아보면 늘 부족한 내 자신이 부끄러워 늦게나마 시를 모아 조심스럽게 시집으로 출판하게 되었습니다.

기초생활 문화공간이었던 지역서점은 통신발달로 인하여 휴대전화를 사용하는 휴대전화 세대와 스마트폰에 앱(애플리케이션)이 실려 있는 스마트폰 세대가 함께 공존하는 지금, '지역서점 멸종시대'에 출판물은 홍수를 이루고 있습니다.

힘들여 해 놓아도 성과가 없다는 뜻으로 '마른논에 물 대기'란 말이 있습니다. 출판물의 홍수 속에 한 권의 시집이 오히려 짐이 되지 않을까 심히 민망합니다.

시가 좋아서 시를 쓰고
쓴 시를 내가 읽고
시를 사랑했습니다.
그리고 아직도 사랑하고 있습니다.
나는 시인입니다.

내 삶에 대한 시간을 정리한다면, 일이 이미 글렀기 때문에 후회해도 소용없음을 비유적으로 이르는 말로 '쏜 죽이 밥 될까' 입니다. 하지만 이제는 후회하지 않기 위해 시를 사랑하고 있습니다.

함께 웃을 수 있었고, 함께 노래할 수 있으며, 여기까지 호흡하면서 인도하신 에벤에셀 하나님, 그 하나님 한 분의 이름만 높이 빛나게 이 시집을 바칩니다.

지난날에 많이 도움을 주신 지인들, 주저앉고 싶을 때 따스한 눈빛으로 기도해 준 벗들에게 고맙다는 말을 전하면서, 시집이 출판되도록 애써 주신 김의식 님, 을지출판공사 김효열 대표님께 감사를 드립니다.

이 시집과 함께하시는 모든 분에게 샬롬이 있기를 기원합니다.

2014년 9월 20일

박복수

차 례

제 1 부 행복합니다

제 2 부 사랑합니다

제 3 부 주님이 그리울 땐

제 4 부 아파하지 마세요

제 5 부 별은 갔습니다

제 6 부 어머니

제 1 부

마음을 나눔에 있어서
참! 감사함으로 나는 행복합니다.
주님이라고 부를 수 있는
주님이 있음으로 나는 정말 행복합니다.

행복합니다

주님이라고 부를 수 있어 좋습니다.
주님이라고 부를 수 있는
주님이 존재함에 나는 행복합니다.
사랑하는 마음으로
주님이라고 부를 수 있도록
허락한 주님 나는 행복합니다.
주님이라고 부르며
그리워할 수 있음에 나는 행복합니다.
주님은 내 삶에 가장 소중한 것이라고 고백하며
주님과 통하여
사랑의 감정을 누릴 수 있어 나는 행복합니다.
주님과 함께
마음을 나눔에 있어서
참! 감사함으로 나는 행복합니다.
주님이라고 부를 수 있는
주님이 있음으로 나는 정말 행복합니다.

주님께 드리고 싶은 사랑

빨간색보다 더 진한
사랑을
주님께 드리고 싶습니다.
모든 것을 드리는 것이
때로는 아까워
나도 모르게
가시 같은 마음으로 반항하지만
주님께 드림은
그 어떤 것도 감추지 않고 드리고 싶습니다.
내 작은 삶이
주님께 진한 감동으로 다가간다면
아니
믿음의 한 자락으로 이어진다면
뼈를 깎는 아픔으로
주님께 드릴 내 마음을 만들겠습니다.
비록
만들 때까지 오랜 시간이 필요하겠지만
더 큰 믿음이
마음 가운데 자리 잡기 위함에……
사랑합니다.
주님.

항상 그 자리에 있었습니다

주님이 보고픈 날엔
두 눈을 꼭 감고
주님을 생각해 봅니다.
주님이 보고픈 날엔
두 손을 꼬옥 포개어
주님의 환상을 그려봅니다.
천 리 길 마다하고 달려갔지만
주님은
항상 그 자리에 있었습니다.

하루를 그려 봅니다

시간 뒤 남겨진 그림자
하나, 둘…… 그리워
가슴 열고 들여다보니
내 속에 비친
또 다른 나를 바라보았네.
가슴속 주님은
초록빛 물들이고
봄바람이 담아온 꽃눈에
소리 없이 내리는 새벽이슬 속삭임 실어
또, 하루를 그려 봅니다.

주님이 좋아서

주님이 좋아서
모든 것
위에 얹어 봅니다
무엇도 대신 할 수 없고
어떠한 개념도
주님과 견주길 싫습니다.
주님의 사랑은
세상에 가장 귀한
꽃이라고 봅니다.
나는 주님이 좋습니다.
온종일
생각만 해도 좋습니다.
힘들고 지쳐도
주님만 생각하면
웃을 수 있답니다.
모든 것
다 보여주는
주님이 참 좋습니다.

참 행복했어요

태어났으면 그것으로
과거를 묻지 마세요.
추수는 했지만
품삯을 받지 못한 허수아비처럼
생존조건 열악할 때에도
복음을 전했지만 대접받지 못했어요.
그러나 삶에 정점을 찍고 뒤돌아보니
주님과 함께 했던 삶은 참 행복했어요.

처음 만난 그때처럼

찌들인 세파에
처음 만난 그때
눈으로 볼 수 없어도
마음속 믿음 하나로
헤아릴 수 없는
수천 가지
다
내 것 되어 마음에 와 닿았지만
지금은 이끼도 끼고
물때도 끼어서
흐릿한 마음이
혼탁함으로 어질러져버렸다.
주님! 처음 만난 그때처럼
돌아가고픈 마음뿐입니다.

주님이 좋습니다

주님이 좋습니다.
뭐! 때문이라고
이유를 붙이기보다
그냥 좋습니다.
편하고
저절로 웃음이 나오게 하는
주님이 나는
참으로 좋습니다.
주님만 생각하면
늘 내 마음에
살아 있어
기쁜 걸 어찌합니까?
주님이 계신다는
한 가지 이유 때문에
나는 행복합니다.
주님이 정말 좋습니다.
해처럼
별처럼
빛을 주는 주님이 나는 참 좋습니다.

나는 행복합니다

언제나 주님은
내 마음의 빛이었습니다.
보이지 않는 먼 곳에 있다 하여도
지금
나는 주님이 좋습니다.
너무 멀어서 만날 수 없다 하여도 좋습니다.
그냥
눈 감아도 볼 수 있는
그런 주님을 사랑할 수 있다니
나는 행복합니다.
십자가 보면
더 그리워지는 주님
나는
주님이 좋습니다.
생각만 해도 기쁘고,
바라만 보아도 좋아지는
그런 주님을 사랑할 수 있으니
나는 정말 행복합니다.
마주할 수 없는 모습이라도
오늘의 삶에
언제나 나는
주님을 기다리고 있습니다.

그래서 좋다

굵은 눈물 흘리며
절규하는 마음을
주님은 알고 계실까?
이렇게 마음 조이며
마지막 잎새라도 잡고 싶음을
주님은 알고 계실까?
그물처럼 꽉 짜인 삶에서
주님을 찾고 있음에
주님은 얼마나 알고 계실까?
알겠지
너무나 잘 알겠지.
시커먼 속까지 훤히 보시는 주님이니까요.
꽉 막힌 숨통이 터져도
함께 있음에 나는
그래서 좋다.

사랑하렵니다

나의 슬픈 과거까지도
내 것처럼
나의 모든 상처도
내 것처럼
넓은 가슴으로 보듬어 주신
주님을 사랑하렵니다.
긴 세월 속에서
아픈 상처 싸매고 지냈던
나의 슬픈 세월도
말없이 가슴으로 보듬어 주신
주님을 사랑하렵니다.
다가가지 못하는 나
단지
가슴으로 울지만
넓은 마음으로 받아들여 주신
주님을 사랑하렵니다.
눈물을 거두며
샘솟는
사랑을 주며
변함없이 함께해 주신
주님을 영원히 사랑하렵니다.

예수님은 내 마음속 친구

하루에 세 끼를 먹어야 하는
육신의 고통보다도
뜀박질을 하는 아이를 보면서
함께하지 못한 끝없는 미움은 야속하지만
내 마음속 친구인 예수님의 사랑에
눈에는 그렁그렁 눈물이 맺힌다.
찡그리는 콧등 오묘한 표정에
까르르르
자지러진 웃음소리로 내 마음속 빈자리
사랑으로 가득 채워 주는 예수님
누가 뭐라고 해도 난
세상에서 가장 좋은 분이라고 자랑합니다.
사랑하기 때문에 좋아하는 것이 아니라
사랑할 수밖에 없는 나약한 나를 사랑하기 때문입니다.
꽃보다 향기 있는 예수님
이 세상에서 오직 하나뿐인 내 마음속의 꽃이기에
하늘이 무너지고 천지가 바뀌어도
내가 살아 있는 한 예수님은
누가 뭐라고 해도 내 마음속의 영원한 친구입니다.

예쁜 당신은 이슬입니다

당신은 꽃보다 예쁘고 여자보다 더 아름다운 당신은
내 마음속에
늘 사랑한다고 사랑의 씨앗을 심어 놓습니다.
눈 뜨면서
당신 생각으로 하루를 시작하고
당신 생각에 하루 마침표 찍는 나.
당신은 나를 잘 알고 있지요.
나에게 가장 소중한 당신은
주님입니다.
내가 호흡하고 있을 때까지
당신만을 생각하며 살아갑니다.
백화점 갔다가 촉감 좋은
딸의 원피스와 꽃무늬 샌들을 보며
사뿐사뿐 나비처럼 날아갈 듯한
고운 그 모습을 마음으로 그려 보니
느낌으로 전해 오는 당신의 소리 "사랑해"
예쁜 소리를
시인의 글에 담아 보니
영롱한 이슬이었습니다.

불꽃처럼

내가 십자가를 바라볼 때
타오르는 불꽃처럼
내 영혼에 주님을 담길 원하고
내 작은 입술로 주님을 찬양하길 원하며
내 작은 마음엔 주님의 사랑으로 채워
이 생명 주시는 그날까지
내게 베푸신 그 은혜를 찬양하며
주님의 향기를 담은 나는 항상
십자가를 바라볼 뿐이네.

조약돌

천년의 세월을 안고 목 놓아 울었다.
밀려오는 파도와 함께 뒹굴었던 그 시간들
모난 얼굴 다듬고자
화난(禍難) 파도 달려와 때렸다.
햇빛에 반짝이는 얼굴
살며시 바라보니
하얀 물거품 밀어내고 헐떡인다.
숨 가쁜 소리
내가 잡아 보니
주님은 조약돌이었다.

제 2 부

사랑합니다

사랑은 주님을 향해 뜨겁게 달아올랐다.
불꽃처럼……
이런 내 맘
주님은 알고 있는지?

사랑합니다

주님을 사랑했어요.
이젠 만나 보고 싶네요.
대놓고 "사랑합니다"고
남세스러워 말 못할 것 같아요.
혹시 오해할까 봐
주님이 날 두고 떠날까 봐 난 그게 두려웠다.
사랑은 주님을 향해 뜨겁게 달아올랐다.
불꽃처럼……
이런 내 맘
주님은 알고 있는지?

* 남세스러워 : 남에게 부끄럽고 창피하여 얼굴을 들 수 없을 때 표현하는 말.

기다리는 마음

저 십자가 꼭대기에는 무언가가 있다.
너무너무 높아 가 볼 수 없어
마음만 애태우며 기다린다.
하늘에 닿을 만큼 높이 솟아
땅을 보고 있다.
기도는 일상이 되었다.
늘 곁에 붙어 다니며
눈물짓게 한다.
주님이 오시는 길
등불 밝히고
별빛도 받아 가득 채웠다.
밤공기가 차다고
동장군이 매섭다 하여도
봄님은 오시지요.

꿈꾸어 봅니다

내 안에 만든 우주를 흔들며
까르르~ 배꼽 잡고 웃겨 주던 주님!
늘 그립고 보고 싶습니다.
담장 잡고 눈 감은 순례자이지만
솜사탕처럼 달콤한 사랑을 전해 주던 주님!
지금도 애틋한 목마름에 꿈꾸어 봅니다.

나그넷길

내 삶이
뜰에 핀 장미처럼
정열 입술로 주님을 찬양합니다.
뜨거움을 품은 내 영혼
자라고 자라면서 주님을 알았고
그 열정으로 되새김질을 알았습니다.
무엇을 해야 할까?
아니 어디서 살아갈까?
내 삶의 갈등도 많아
가시밭길 어두운 길 헤맸습니다.
나그넷길
별 보고 찾으니
병들고 지친 몸 되었습니다.
이젠 알았습니다.
모든 것이 주님께 있다는 것을……
아-멘 아멘.

나팔꽃 예찬

나팔꽃이 피었네요.
에구~ 에구~ 불고 싶어라
복음을 전하고 싶어
보랏빛 말씀으로 피어나는 꽃
뜰에 피어 있어야 할
나팔꽃
하나님의 집 앞마당 입구
외줄 타고
자태를 화려하게 뽐내며
예쁘게도 피었네요.
여름부터
늦은 여름까지 피고 지는 나팔꽃
주님의 마음만큼
따스하고 포근한 느낌이라서
창조주의 아름다움에 지그시 눈을 감아봅니다.

내 안에 주님

주님의 따스함에 갔습니다.
언제부터인지 알 수 없지만
주님의 체온을 느끼면서 포근하다는 것을 알았습니다.
화로처럼
주님의 마음
그렇게 포근하다는 것을 알았습니다.
내 안에 주님이 들어온 후
난 따스함이 무엇인지 알게 되었고
포근함이 무엇인지 알게 되었습니다.
따스함에 찾아간 주님
사랑합니다. 포근함에 찾아간 주님
정말 감사합니다.

내 속에 또 다른 나를

깡마른 갈대 같은 숲이라도
언제나 내 속에서
또 다른 나를 있게 하는 주님의 사랑
어둠이 세상을 휘감을지라도
항상 그 자리 지키는 주님
내 마음에서 떠나지 않을 겁니다.
핀 꽃은 꽃향기 잃었지만
운명 앞 얽힌 얄궂은 시간에
그리움 녹아 눈물로 내립니다.
고달프고 먼
삶의 여정에 식지 않는 주님의 온기로
내 체온을 살리렵니다.

내일 또 내일

나는
주님의 웃으시는 얼굴을 생각하며 하루를 보냈습니다.
오늘 또,
웃으시는 주님을 마음속에서 만났습니다.
하루가 즐거웠습니다.
내일도
꼭! 만날 수 있다는 현실이기에
즐거운 하루가 될 것입니다.
어제는 사랑하는 주님
오늘은 보고픈 주님
내일은 기다려지는 주님
주님을 만난 후
어제도
오늘도
내일도
나에겐 기쁨이었습니다.
눈을 뜨면
늘
기쁨의 기다림이 있을 뿐입니다.

만나보고 싶습니다

그해 겨울은 따스했습니다.
밤하늘에 총총히 떠 있는 무수히 많은 별들보다
주님으로 엮은 내 사랑의 언어가 훨씬 더 많을 것입니다.
뜨거운 마음으로 주님을 쫓지만
차가운 이성은
주님을 향한 연정에 찬물을 끼얹듯
언제나 내 발목을 잡았습니다.
만나보고 싶었습니다.
내 삶에 이토록
사모한 적이 있었는지
알 수 없을 만큼
주님을 만나보고 싶습니다.
하지만,
그다지 멀지도 가깝지도 않은 만큼의 거리에서
항상 바라보고 지켜주는 것만으로도
분에 넘치기에
더는 욕심내지 않겠습니다.
바라만 보아도 좋은
해바라기 사랑일지라도
주님이 있어 나는 행복하답니다.

먼 훗날엔

가야 할 곳을 잃었다.
주를 볼 수 없을 때부터 어둠이라 했다.
단념하지 못했다.
그래서 난 침묵했다.
한 사람
오늘도 또 한 사람
끊임없는 이별을 연습하면서도
그 뜻을 깨닫지 못했다.
발걸음보다 발자국이 두렵다.
물이 범람할까 봐 두렵다.
끊길 다리가 받쳐주지 못할까 봐 슬프다.
마디 끝엔 다른 마디가 있고
그 마디의 끝엔 죄가 유혹한다.
내 떠나가리라.
먼 훗날엔
주님!
내 노래 만들어 주를 찬송하게 하소서.

베드로처럼

당신과 함께라면
내 삶에 마지막 무대이며
결코 부인하지 않겠다고
큰소리로 외치던 나는 어디로 가셨나요?
아주 작은 여자의 한마디에
힘없이 넘어지면서 하는 말

나는 당신을 알지 못합니다.
나는 당신을 알지 못합니다.
나는 당신을 알지 못합니다.

그것도 한 번 아닌
세 번씩이나 부인하고 말았습니다.

잠시 왔다가 가는 내 작은 삶
하루에도 헤아릴 수 없이
당신을 사랑한다고 다짐하고 또, 다짐했지만
나는 오늘도
'당신을 알지 못합니다.' 라고 말했습니다.

내 작은 입술로
내 작은 몸짓으로

내 마음까지도
거짓과 위선으로
당신을 사랑하고 있는 것처럼 살고 있습니다.

닭 울음에 통곡하던 베드로처럼
당신에 대한 내 사랑이 회복하게 해 주세요.
남은 내 삶이
당신의 사랑을 전하는 자로 남게 해 주세요.

당신의 사랑을 전하기 위해
거꾸로 십자가에 달려 삶을 마감한 베드로처럼.

사랑할게요

볼 수 없지만 바람이 불어와
스치며 지나갔다.
그렇게 너와 나는
서로 인사도 하지 못하고
지나쳤다.
봄바람도, 여름 바람도
모든 바람도 떠나고
모두 그냥 스쳐 가는데
주님께서는 머물러
왜? 나를 흔드시나요.
눈을 뜨고 보아도
보이지 않지만
내 마음에 요동치고
내 가슴이 뜨거워지는 것은
주님과 함께함을 생각해요.
만나고 싶은 마음
아파도
울지 않게 해 주세요. 주님
주님만
영원히 사랑할게요.

사랑이었다

다름 아닌 그것은 사랑이었다.
소리 없이 다가와
마음마저 안아주고
여름 더위도 식혀 주었다.
눈 감으면 늘 웃어 주던
어여쁜 얼굴
무지개 수놓고 씨이익
웃어 주었다.
성경책에 고이고이
끼워 넣은 체취
설레는 내 마음 꼭 잡아준 것
주님의 그 귀한 사랑이었다.

사랑하겠습니다

순간순간 다가오시는 주님
하루의 인연으로 끝이라도 사랑하겠습니다.
이 시간이 지난 뒤
안개처럼 살아진대도 사랑하겠습니다.
오늘! 사랑하지 않으면 긴 세월을
기다릴 자신이 없기에
주님! 오늘을 사랑하겠습니다.
오가다 옷깃만 스쳐도 전세의 인연인데
주님을 사랑했던 마음
가슴속에 묻힐지라도 사랑하겠습니다.

야정(野情)을 그리겠습니다

내 생전에 부귀영화를 달했다 하여도
주님 품을 떠나면 내 몫은 없다는 것을
죽도록 사모했어도
주님이 될 수 없다는 것도 알고 있습니다.
더 말할 나위 없이 있는지 없는지
그 자리에서 모퉁이 돌 되어 있음을 알고 있습니다.
어느 때였을까 배신과 참회로 몸은 휘청거렸고
레몬그라스(lemongrass) 향기로 밤을 지새우며
천국 가는 길에 이탈과 회귀를 거듭하면서
삶의 의미를 알게 되었습니다.
주님! 오늘도 야곱의 사닥다리 세워
별처럼 걸린 하늘나라에 복을 쌓겠습니다.
다 알지 못하지만
알 수 있을 동안만이라도 죽도록 사랑하겠습니다.
살아온 날보다
살아갈 날 위해 야정(野情)을 그리겠습니다.

* 야정(野情) : 소박한 꿈

연이 되어

많고 많은 시간 속에
주님과 연이 되어
사랑을 배울 수 있어
감사합니다.
지나가는 사람도
연이 되지 못하고
주님과 연이 된 것은
특별한 은혜라고 생각합니다.
간절한 마음의 주파수가
맞았나요.
혹시 연의 오랏줄로
묶이게 되었나요.
나눔에 마음이 있어
행복하고
행복한 마음으로 할 수 있음에
흔한 연은 아니랍니다.
주님은
장미꽃보다도 더 아름다운 존재입니다.
나는 이 순간도
주님향기에 사랑을 전합니다.

은혜의 바다

주님과 처음 만남은
깊이와 넓이를 가늠하지 못하는
바다 속 같았습니다.

만나면 만날수록
깊고 넓은 바다는 신비의 그 자체였습니다.

은혜의 물결 따라 다니다 보니
하얀빛 산호가 되어
온몸으로 춤추며
주님을 찬양합니다.

행복에 겨워
반짝반짝 일렁입니다.

깊고 더 넓은 바다엔
살아 숨쉬는 세상에서
만나보지 못한 주님의 은혜가
물고기처럼 지느러미 파닥이며 헤엄쳐 다니고 있습니다.

주님을 보았기에

보고 싶습니다. 아니
만나고 싶습니다.
봄이 오는 길목에 서면
주님을 더욱 만나 보고 싶습니다.
진한 커피로 마음 덥혀
잊으려고 해도
만나 보고픔 간절한 마음은
찻잔 속으로 달려옵니다.
주님이 있었기에
나는 주님을 알았고
주님을 보았기에
나는 주님을 영접했습니다.
허물어져 가는 나의 작은 삶에도
찬송가를 부르며
만날 수 있음에
내 마음을 달래 봅니다.
십자가로 달음질하여
주님의 가시면류관 얼굴에 다가서니
주께서 넣어 둔 나를
나는 보았고
내 모든 것을 주님의 마음에 넣어
나는 간직하렵니다. 주님의 빛을

제 3 부

미치도록 보고픔이 간절할 땐
늦은 밤 마음껏 눈시울 적시고
문득문득 향기 있는 주님이 그리울 땐
오늘처럼 창밖을 봅니다.

주님이 그리울 땐

주님이 보고 싶을 땐 창밖을 봅니다.
주님이 더더욱 보고 싶을 땐
하늘 향해 쌍-십자가 서 있는 교회로 달려갑니다.
터질 것 같은 마음
만질 수 없는 꽃망울처럼
주님은 항상 아름다운 꽃입니다.
새아기 노랑저고리에 나비 찾아올 때
어여쁘게 담아둔 아름다운 사랑으로
내 아픈 마음까지도 사랑하시는 주님
미치도록 보고픔이 간절할 땐
늦은 밤 마음껏 눈시울 적시고
문득문득 향기 있는 주님이 그리울 땐
오늘처럼 창밖을 봅니다.

찬양의 밤

삶은 살아 있어
향기롭고
주님!
보이지 않아서도
내 곁에 있어 좋습니다.
찬양하라 율객(律客)이여!
음률을 쪼아 배부르니
저기
저 구름 사이로
천국 문 열립니다.

*2013년 6월 2일 찬양대의 밤

해바라기 피었네

함께 호흡하면서
한 영혼을 얻는다는 것이 얼마나 소중한 만남인가
함께 호흡하다가
한 영혼을 잃는다는 것 또한 얼마나 아픈 이별인가
하지만 만남과 이별은 기쁨과 슬픔을 보냄인데
마음마저 지친다면 그 마음 안고 성전(聖殿)을 찾으세요.
모퉁이 길에 해를 닮은 해바라기처럼
방긋방긋 반겨 주는 예수님
멀리서 천사의 노래가 들린다.

행복할 겁니다

주님과 함께한다면
더없는 행복이겠지만,
주님!
볼 수도, 만지고 느낄 수는 없어도
주님과 반드시 함께하면 행복할 겁니다.

이제야

길고 긴 시간이었다.
방황과 부화방탕하면서
단 한번 뉘우침도 없었고
오히려 트집과 냉대로 힘들게 하였다.
그 소중했던 시간들은
장작불 그을음이 된 아궁이처럼
검게 타버렸을 마음도
무관심이 아닌 원망을
믿음과 화해 그리고 사랑으로
감싸 주었던 주님!
이제야 당신이 있어
내 속에 또 다른 나를 알게 되었다.
고마워요. 주님!

하루

하루의 고통도
안고 울었던 사람들아
별
빛날 때
그래
나! 주님을 그리워했지요.
아시겠지요.
주님은

천국인(天國人)

묻지 마세요.
아
무
것
도
십자가에 잡힌
나는
천국인(天國人)입니다.

찾아올 때는

함께 가고자 할 땐
한 번만 날 찾아 주세요.
버선발로 맞이하겠습니다.
하늘과 땅
멀고 멀어도
바다와 산
제아무리 높은 벽일지라도
주님을 향한 내 마음 변하지 않습니다.
또다시 찾아올 때는
십자가 지고 오소서
내 작은 등 어깨 메고 뒤따라가겠습니다.

주님의 손

마음 시리도록 아파도
주님을 잡지 못해
걷잡을 수 없는 눈물은 볼 타고 내립니다.
주님의 향기 알 순 없지만
주님의 향기 깊이 간직하고 싶어
나는 오늘도 십자가 바라봅니다.
암울했던 삶의 가시는
눈물 되어 지워지고
애잔한 숨결로 메운 가슴 언저리에
소리 없이 내리는
주님의 손
아픔 마음을 덮어 주려 합니다.

검정 고무신이었다

사그락 문갑 여는 소리에
지나가는 기억의 끈을 잡고
조금씩 조금씩 다가간다.
어디서 왔는지
내가 누구인지
모르는 텅 빈 공간에서
손지갑 속 사진
황갈색으로 변한 갈래 머리마저 잊은 채
흘러가는 망각의 시간에 눈을 맞춘다.
때때로 맑고
또렷한 그 시간이 되면
여민 옷고름을 생각하며 눈물짓는
자신을 보며
긴 한숨에
다시 찾아가는 미지의 세상을
또렷한 기억으로
한 올, 한 올 빈 가슴을 채워 넣어 본다.
하지만
주님이 없는 세상은
짝 잃은 댓돌에 놓인 검정 고무신이었다.

고독한 삶

주님께서 좋다고 하신다면
눈물이 나도 울지 않습니다.

제방(堤防)에
홀로 핀 민들레처럼
그렇게 살아도 주님께서 좋다고 하신다면
나는 웃음으로 맞이하겠습니다.

불〔火〕에 타지 않는 그림자처럼
모든 것이 변해도 변하지 않는 시간과 같이
그렇게 순종하며 살아가고 싶습니다.

삶의 애환을 눈물로 감추고 나니
바람이 다가와 살짝 흔들어도
고통의 몸짓으로 하루를 마무리했습니다.

스물네 시간 하루!
삼백예순다섯날이 일 년을 넘을 수 없듯이
제아무리 몸부림쳐 본들
주님을 넘을 수 없는 내 삶의 모습이
'수레 타고 한 바퀴 돌면 또, 어디로……' 입니다.

그 자리에

햇살에 눈이 부시네요.
주님과 함께
어디에
머문다고 해도
내 입술 위에 주님이 있습니다.
사랑!
주님과 함께 있을 땐
어둠이 없는 빛의 시간입니다.
행복!
주님께서 바라보는 그윽한 눈빛
정녕
말이 필요하지 않습니다.
관객 없는 무대일지라도
아름다운 연주가 없어도
주님께서 오신다면
십자가 지고 기다리겠습니다.
소망!
꿈이 있는 곳
형제와 이웃을 위해
항상
그 자리에 있을 것입니다.

내 안에 주님은

척박한 땅일지라도
변함없이 나의 존재함을 일깨워 준 것은
주님의 사랑입니다.
골한(骨寒)의 인생 여정일지라도
주님의 체온으로
차가워진 온기를 살리렵니다.
한 송이 꽃 되어
향기는 잃어 가도 홀로 한 짝사랑은
눈물이 되어 내립니다.
어둠이 시야를 덮어도
변함없는 주님의 사랑은
내 마음에서 떠나지 않을 것입니다.

눈으로 오시는 주님

새벽 첫발 내딛는
아이의 발에
혹시 오염 닿을까 봐
밤새
수북하게 눈이 내렸는가 봅니다.
눈으로 오시는 주님
가슴 열고
눈꽃 맞는 아이에게
아름다운 새 세상
함박웃음이 피어나게 하소서.

되겠습니다

살아 있다는 것만으로도
기쁨을 주는 사람이 되겠습니다.
마을 어귀에 서 있는 나무처럼
모든 이에게 편안함을 주는 사람이 되겠습니다.
밤새 풀어도 못다 푼 야곱처럼
내 아이에게 아름다운 이야기가 되겠습니다.
성경 말씀
한절 한절 읽어 주는 사람이 되겠습니다.
주님!
아직 늦지 않았겠지요!
삶의 고뇌 강에서
눈물을 닦아 주는 그런 사람이 되겠습니다.

들꽃이고 싶다

무언에 전해지는 주님의 마음
스치듯 주님의 작은 숨소리는
사르르 눈 녹이는 그림자이었다.
언제나 채워지지 못하는 나는
뽀얗게 오르는 찻잔 속
향기처럼 지워져 가고
추억에 애타는 마음은
희미하게 묻혀 버릴
그림자로 망각해 흐른다.
주님이 나비라면
화려함을 치켜든 장미보다
나는 들꽃이고 싶다.

마음의 창

세상에 물던 나는
죄 길에 미끄러진 손
주님께 잡혔다.
행복 그 자체였다.
그래서 더 울고 더 웃었다.
밤하늘 별똥별 떨어지던 언덕
갈매기 잠자던 등대
요란하지 않지만 평화로움으로
지난 기억 만지면서 해바라기 되었다.
지금 나는
주님을 다시 부르며 마음의 창을 닦는다.
더 멀어지지 않기 위해.

제 4 부

아파하지 마세요

주님은 기억하고 있어요.
당신은 당신대로
향기가 있으니
너무 아파하지 마세요.

아파하지 마세요

시간은
각자 사람에 따라 가지만
개울가 서 있는 마른 갈대는
생각도
느낌도 없기에
너미 말하여도
너무 아파하지 마세요.
뭇사람들께
소외당했다 해도
모진 바람비에 굴하지 않았던 당신
주님은 기억하고 있어요.
당신은 당신대로
향기가 있으니
너무 아파하지 마세요.

* 너미: '어느 누가' (지방 방언)

시간 속에 묶여

나누지 못한 채
가물가물해 가는 시간 속에 묶여
지우려 하지만 시리게 다가옵니다.
내린 눈처럼
소리 없이 쌓던 날에
주께서 눈물로 덮어 줍니다.
나뭇가지는 바람 소리에 떨고
무지개 꿈을 담던 나는
십자가 너머 멈출 때
시퍼런 내 가슴팍에
홀로 핀 백장미(白薔薇)처럼 흐릅니다.

아린 마음

조각된 수많은 시간들
낱낱이 가진 사연에
주님께서 주고 가신 마음도 식어 들고
인간 세상 낡아 내리는
정(情)을 붙잡고
점점 멀어져 가는 주님을 목말라 하는 나
눈물도 서글피 따라 흐르고
새벽녘 별빛도 울고 간다.
말없이 흐느끼는 사랑의 눈물
내 깊은 골에 박히고
띠로도 묶을 수 없는 아린 마음
파랑새처럼 날지도 못하는데
밤은 지금도 사뿐히 지나간다.

어찌하란 말인가요

여울 속 흔들거림에서
내 자신의 정체성을 잃지 않으려고
외골수처럼 모양을 지키고 있다.
기꺼이 지지 않고 잎이 돋아
고운 꽃 피우니
아픔으로 다가올 뿐이다
눈빛에서 느끼는 내면세계
여울을 담은 호수처럼
주님의 품에 안기고 싶어진다.
태초에 모순된 망집을
맑은 넋으로 치유하듯이
초라한 내 삶에 대해 어찌하란 말인가요.

언제 옵니까?

저 멀리 있기에
아직도 기다려야 하는 마음
길기만 합니다.
언제 옵니까?
허수아비 춤추던 생각이 아물거리듯
주님을 향한 그리움은
타는 목마름보다
더 보고픔으로 한여름을 보냅니다.
언제 옵니까?
주님.

〈時調〉

후회

인간 세상 희로애락 삶에 묻혔더니
시간은 세월을 태우고 느린 듯 빠른 듯 휙~ 하여
마음에 타다 남은 사랑을 안고 울고 있었네.

천국 길 멈춘 지금 돌아본 삶에 시린 가슴은
시방 지나간 듯 교차하는 세월 속에 바람처럼 휙~하니
아이야 속마음 달랠 길 없는 나그네 같은 내 삶이어라

초가을에

지난 이맘때도 그 꽃들은 피었다.
아무 생각 없이 지나가는 듯 했는데
초가을과 함께 달려온 주님은
어느새
한 송이 코스모스를 피워 놓았다.

기억하고 싶지 않은 이야기
잊을 만도 했는데
주님 때문에 온 그리움이
벌써
가슴 한 곳에 서려 있다.

살랑이는 바람에
코스모스 흔들거릴 때면
보고 싶다는 간절함에
내 마음은 설렌다.
주님께서 다가올 것 같아서

물음(?)

거울에 비추지 않아도
보이는 주님.
눈을 감고
찾아보면 더 잘 보이는 주님
피 묻어 얼룩진 십자가
너무도 잘 보여
가만히 손 넣어
정수(淨水)로 닦아 본다.
나는 그분에게 물어 본다
피를 지울 수 있을지.

주님의 영성

미운 아들
고운 딸
가리지 않으시고
모든 것 쏟아 주시며
생명까지 주십니다.
잘 돼야지. 아니
잘할 수 있어
토닥여 주시고
내 아들, 딸 잘한다.
그래 암! 그래야지
용기 주고 칭찬까지 하시며
모든 것을 아시면서도
행여! 다른 길로 갈지라도
말없이 기다리시네요.
아픔 있는 아들, 딸아
눈물로 기도하시는
주님의 영성은
아들, 딸을 참 빛으로 인도하십니다.

주님의 미소

복사꽃 화사하게 웃어주던 그날
산 너머 주님의 미소는
아름다운 예술의 극치(極致)입니다.
창밖을 보며
커피 한 잔을 마시고
눈 감으면
보일 듯 눈앞에 아른거리는
주님의 고운 모습
내 맘을 닮은 순수함
너무너무 좋아서 핑크빛 볼에
동그라미로 그려 보는 하늘나라
이슬을 머금고 있는 복사꽃보다
더 아름다운 주님의 촉촉한 미소
말로 표현할 수 없는 아름다운 그 모습입니다.
따스한 주님의 마음을
내 가슴속 바구니에 담아 놓으면
언제나 변함없는 편안한 미소가
자꾸만 자꾸만 생각이 납니다.

가을 문턱에

해바라기 고개 숙일 때
살랑살랑 고개 흔드는 코스모스
다가오는 처서 앞둔 지금
여름 가기 전 짝 찾으려는 매미의 사랑음률
나는 어느새 가을 문턱에 섰다.
무엇 위해
아니 누굴 위해
무더위와 싸움했는지
목적도 없이 그저 높게 날려고만 했던 시간들
현실과 꿈의 사선(死線)같이
가을 문턱에서
주님을 향한 내 작은 바램이
'새벽특새' 처럼 달려온다.

* 새벽특새 : 명성교회 매년 2회(3월, 9월) 새벽특별집회가 있다.

감사합니다

모양도 없습니다.
향기도 없습니다.
그렇다고 아름다운 이름은 더욱 아니지만
아이도
젊은이도 찾아오고
이따금 어른도 보듬어 줍니다.
그저 주어진 환경에
내 모습 이대로 이 땅에서
묵묵히 살아갈 때
따스한 햇살을 반기며
베풀어 주시는 사랑으로
주님을 찬양할 수 있어서 감사합니다.

지난날의 슬픔은 어느새 잊어버리고 주일에 맞은 여유가 느껴진 날 내 마음에 성령이 불어와 교회로 나섰다. 마당에 들어서니 초록빛 더해지는 소나무 생기 넘쳐나고 꽃들은 바람에 살랑살랑하니 잠시 나를 내려놓고 아이가 되어 본다. 새들의 노래는 감기듯 들리고 꽃은 심상을 사로잡아 되돌리기를 머뭇하며 지는 해만 원망했다. 생명이 없으면 스스로 사라져 가는 것을 하나님께서는 저렇게도 아름답게 창조하셨을까?

나는 만물의 비밀 앞에서 청정감(清淨感)에 느낄 수 있어 감사합니다.

목마름에

마음속 묻힐 이름 하나
애타게 가슴 치니
속절없이 녹아내려 슬픔만 넘칩니다.
어둠에서도 향기를 잃지 않는 꽃들
볼을 타고 내리는 눈물은
밤하늘에 별꽃이 되었습니다.
불러 보고 싶은 주님!
마음속 뜨거운 기운 되어
붉은 하늘을 그립니다.
무언의 주님을 눈언저리에 걸치고
하얀 밤 지새우지만 나는
여전히 사랑의 목마름에
저리고 아파 멍울이 집니다.

부끄러움

내 죄 때문에
십자가 위에 달리신 주님
세상 짐 안고 구름 위로 가시는데
나는 차마 그분 얼굴 볼 수 없었다.

빗장만은

주님께서
하늘 문 열고
땅에 내려오시어
복음(福音) 보자기 펼치시니
실바람은 똬리 틀어
내 마음에 뿌립니다.
초롱초롱한 별빛 속에
감미로운 목소리로 흔적 남기니
다듬질 되어 간 나는
주님 앞에 서 있습니다.
행여
주님께서 복음 놓고 가실 때
배웅하지 못하더라도
빗장만은 풀어 놓겠습니다.

제 5 부

별은 갔습니다

말보다 행동으로 실천했으며
높은 자리보다 더 낮은 자리를 지켰습니다.
이념의 갈등 길에서 화해 길로 인도해 주셨습니다.
천하보다 귀한 생명을 일깨워 주셨습니다.

별은 갔습니다

땅에 살았던 큰 별이 빛을 잃었다는 소식 들은 순간
아! 존경했던 별이었는데
정말 우리 곁을 떠나가시나 봅니다.

캄캄한 곳에서 묵묵히 빛이 되어 주셨던 별
동시대(同時代)를 살았던 별이었는데
하늘도 울고
"윙윙" 바람마저 나뭇가지 흔들며 통곡했습니다.

끝없는 행렬 속에
소리 없이 흐르는 눈물은
메마른 우리들 마음에 단비가 되어 내려옵니다.
"흐르는 눈물을 멈추고
 별을 위하여 기도하겠습니다."

눈 감은 별
"나를 위하여 눈물 흘리지 말고
 네 이웃을 위하여 눈물을……"

별은
언제나 없는 사람의 친구였으며
버림받은 사람의 부모요, 형제였습니다.

별은
말보다 행동으로 실천했으며
높은 자리보다 더 낮은 자리를 지켰습니다.
이념의 갈등 길에서 화해 길로 인도해 주셨습니다.
천하보다 귀한 생명을 일깨워 주셨습니다.

별은
"너희와 모든 이를 위하여" 지표로 암울한 시대
"빛과 소금"이었습니다.
낮은 곳에 계셨지만 큰 어른이셨습니다.
소외받은 영혼들에게 안식처가 되어 주셨습니다.

별은
삶이 마무리되는 순간에도 안구를 기증해
몸소 사랑을 실천하셨습니다.

아! 별은 갔습니다.
그러나 별은 우리들 마음속에 살아 있습니다.

* 추기경 님, 편안히 잠드소서. 2009년 2월 17일

회개와 감사

1만 년을 지킨 이 땅
무지(無知)에서 여명(黎明)으로 달려온
하나님의 말씀
상암 월드컵경기장에서
10만 성도의 회개 눈물 뿌리게 한
하나님께 감사합니다.

가면(假面)에 마음을 담고
꼼꼼히 자신을 위장하여 살았던 우리들 모습
꼬깃꼬깃 감추었던
우리들 죄(罪)
하나님의 빛으로
유리알처럼 맑게 보고
성도들의 통곡 소리
하늘을 흔드니
장맛비처럼 은혜 부어 주심을 감사합니다.

골목이면 골목
산 넘고 물 건너 모인 온 성도들
손에 손을 잡고

나라를 위해 눈물로 기도하고

마음과 마음 합하여
민족을 위해 기도하며
이 산지에 빛 되게 해 주심을 감사합니다.

골고다 언덕에 십자가 지고
걸음걸음 옮기시던 주님
이제라도 주님의 제자(弟子) 되어
내 나라 내 민족을 위해
주님이 지셨던
그 십자가 짐을 감사합니다.

활활
타는 성령의 불로
이 산지의 어둠 태우고
새 시대 새 출발 다짐하는
온 성도들의 함성
"땅 끝까지 증인 되라" 하시던
명령 따라
우리는 가겠습니다. 땅 끝까지.

* 2007년 한국교회 대부흥 100주년 기념대회 상암 월드컵경기장 다녀와서.

계사년(癸巳年) 오는 날

임진년(壬辰年) 환송 날에 하얀 이 보인 입
초롱초롱 눈빛으로 다가오는 빌레몬동무들과 함께
처음 맞추어 본 어색한 찬양
하늘로 보내 봅니다.
그리곤
(조~용)
주님 품에 안겨 봅니다.
아름다운 시간
찬양에 맞추어 내리는 음률은
마치 동화 속 주인공처럼
주님의 발길 따라
무대를 휘저으며 갑니다.
알알이 영거 가는 시간
마음은 끝없이 부풀어 오르고
주님의 향 짙은 입술은
달콤한 사랑을 담아 다가오니
찬양의 열기는 더욱 뜨겁습니다.
힘든 짐을 잠시 내려놓고
가는 임진년
빌레몬동무들과 마주 든 잔에
지난 이야기를 담고
계사년(癸巳年)을 맞이하고 싶습니다.

메아리

주여!
찬양 소리에
저의 마음을 열어
사랑의 노래를 부르게 하소서.

주여!
기도 소리에
저의 입을 열어
나눔의 사랑으로 사용하게 하소서.

사랑의 노래로
이웃을 감동케 하고
세상을 향해
사랑을 전하게 하소서.

꿈은 아니었네요

뿌려 놓은 핏자국
사뿐사뿐 밟다 보니
어느덧 주님이 계신 곳
이리 보고 저리 보아도
꿈같은 현실에
넋을 잃고 망연자실했네.
내 현실에 취하고 싶어
양팔을 휘저어 보니
에덴동산보다 더
아름드리 모습에
나는 혼비백산했네.
십자가도
주님의 향기에 묻혀 버리니
꿈은 아니었네요.

꿈이었다

복음은 끝없이 번져 갔다.
어두운 곳이 싫어서일까
언젠가 가야 할 나를 품고
유황불도 보여 주고
사탄의 옆구리 지지며
예수님을 만났다.
다시 뵐 기약 없지만
복음은 흘러간다.
난 언제나 그 자리에 있다.

나는 들을 수 없네요

쉼 없이 밀려오는 세상 유혹
누가 보내지?
때론 꽃처럼 제비처럼
어디가 시작이고 끝인지 알 수 없다.
유혹에 잠긴 변명
기쁨보다 슬픔의 애환소리 많은데
주님!
나는 들을 수 없네요.

내 눈물이

무지막지스레 한 나를
일편지견에 바로 서게 하시려고
아쟁이 시나위처럼 품으며
설화 같은 모습으로
주님의 입김이 내 입술에 닿을 때
내 눈물을 주님의 병에 담으소서.

눈물이 납니다

마음 깊은 속 언저리에
짙게 심은 주님의 흔적
막무가내 바람은 갈대를 흔들지만
초연한 모습으로 내게 다가옵니다.
다 잡고 싶었던 지난 시간들
주 앞에 내세울 것 하나 없습니다.
무엇을 하고 살았습니까?
물음에 후회는 또 왜 이렇게 많습니까?
위선과 웃음 속에 은폐된 나의 음모
없으면서도 차고 넘치듯 보이고
모자람에 땀방울로 위장하면서
만족의 희열을 가면으로 채웠습니다.
홀로 계신 주님!
애절함에 치켜든 핏자국마다
빨갛게 바랜 십자가
보는 나는 하염없이 눈물이 납니다.

당신은 천사였나 봐요

하늘이 높다.

둥둥
떠다니는
솜구름 모아
당신 얼굴 그리니
터질 것 같은
연꽃처럼
날 보며 웃네.

아~
당신은 꽃을 파는 천사였나 봐요.

또 다른 내가 있음을

쪽빛 바람에
보리노래 부르는 그때도
주님은 보고 있었지
나는 지금도 연습 없는 삶에
익숙하지 않는 방랑자인가 봅니다.
소곤거리는 바람 소리에도
두려워 풀밭에 납작 엎드리어
뒷걸음으로 도망치려 했지요.
왜냐고 묻는다면
내 안에 또 다른 내가 있음을 알지 못한 나를
주님은 싹 틔우고 꽃피기를 바라보고 있으니까요.

마음만 주님께

하루 스물네 시간
생각만 갔다 오는
내 작은 믿음이 젖은 채 흐릅니다.
한 줌의 소망을
마음 밭에 모아 둘 때
회색구름처럼 바람에 흩어집니다.
순결함이
더 묻어나는 색 잔상
마음속에 흐르고
중얼거림에 시린 마음은
성령의 눈물비로
뜨겁게 두 뺨을 적십니다.

마지막 날에

마을마다
십자가 서 있다.
양 떼들 위해
산화(散華)하신 주님의 표적이다.
주저하는 버릇이 길어지면
그만큼 더 힘드는 시간
단번에 확! 믿어야 한다는 사실
언제 알았을까? 세리장 삭개오
마지막 날에 오신다고 했다.
주님께서.

목련꽃

잎 한 점 없는 나뭇가지에
청초(淸楚)한 목련
고고하고 우아한 자태는
봄날의 여심(女心)을 흔들어 놓았어요.
봄볕에 물이 있고
재잘재잘 뭇 새가 노래하니
도도한 우윳빛 목련의 미소는
주님을 닮았어요.

못다 핀 꽃

할머니는
아름다운 꽃이었어요.
그러나
일본에 의한
성노예(Military Sexual Slavery by Japan)에서 피었다 하여
불쌍한 눈빛으로 가슴에 담지 마세요.
할머니는
이미 많은 세파를 견딘 꽃입니다.
이젠 어딘들 가도 부끄럽지 않아요.
오히려 이 땅에 뿌리박고
못다 핀 꽃을
아름다운 꽃으로 피워 주세요.
나는
길 걷다 멈추고 할머니를 안겠어요.
상처 싸매어 피어난
때깔 고운 꽃
투박하지만 참 아름답네요.
할머니를 보면
볼
수
록
천사입니다.

내가 당신을 처음 만났을 때

내가 당신을 처음 만났을 때
모르는 얼굴이었지만
내 삶은 아름다운 사랑이라고 할 수 없었지요.

당신은
해 질 녘 뿌려진 노을빛처럼
한결같은 마음으로 다가와
사랑으로 꽃을 피울 수 있었지요.

하지만 어둠에 지친 나는
산 아래 산을 부둥켜안은 산처럼
사랑한다는 말을 할 수 없었지요.

그래도 함께하는 내 삶에
지극히 작은 자보다 더 작아지는 나에게
마음 아프게 하는 이별
하지 않으시겠지요.

내가 당신을 처음 만났을 때
모르는 얼굴이었지만
손을 꼭 잡고 아픔을 함께 한 당신은
사랑으로 잉태한 주님이었어요.

사람들

세상과 짝하는 사람들
地獄행 타고
그분과 짝하는 사람들
天國행 탑니다.
그분은 누구
하나님.

사랑과 고난은 하나입니다

하나님께서는 사람을 너무 사랑하셨다.
그래서 하나님께서는
모든 사람들이 주님의 형상으로 닮게 하시기 위해
모든 사람들의 모난 부분들을 깎으실 때
하나님께서는 그것을 '사랑'이라 하시지만
사람들은 그것을 '고난'이라고 합니다.

삶에 고개려니

세상 죄에 피 흘리신 주님
시린 가슴에 멍울진
주님의 사랑 얹어 놓고
애어린 사연으로 수(數)를 놓는다.
언 땅 양지바른 곳
옹기종기 모여 있는 어린양
어찌 그리도
주님의 마음 모를까
나눔 하나에 뭉그러지고
단 하나 사랑을 키우는 헌신함이
죄의 그림자로 시든다.
늘 보고 싶어
내 깊은 곳에
고이고이 잠드신 주님
이것이 삶에 고개려니 합니다.

성전 안에

성전 안에 갇힌 우리들
태초의 모습으로
하나가 됐다.
세상에서 잘났다고 하는 사람도
세상에서 잘산다고 하는 사람도
주님 거울에 비추면 모두가 같은 사람
오늘도 주님의 사람 되기 위해
눈물로 닦고 또 닦아 본다.

오월에

찔레향이 수줍던 오월의 숲에서
떠돌던 꽃향기도 가고 있네요.
꽃창포 물고
나붓나붓 아카시아 향 따라가니
모진 아픔도
꾹꾹 억누르며 참으신 주님
받쳐 줄 손도 없어
마음만 마구 쓸어내립니다.

제 6 부

어머니

쓰다 울고 울다 쓰는 사연
온종일 써도 대답 없다.
빨간 카네이션은 흔적 없는
어머니의 젊은 날을 피어봅니다.

어머니

마음속 깊이깊이 묻어 두었던 말
목마름에
뺨을 타고 내리는 눈물로
목청 높이어 불러 봅니다.
어
머
니.
어머니의 품은 넓고, 깊고
못난 나를 포근하게 안아 주었지요.
혼탁한 세상에 작은 홀씨로 던져진 채
어디서 어떻게 계시나요.
저 높다는 에베레스트도 어머니 마음만 하는지
저 깊다는 태평양도 어머니 마음만 하는지
그 어느 것에도 비교할 수 없는
강한 내 어머니였다.
카네이션을 들고 마음의 편지를 씁니다.
쓰다 울고 울다 쓰는 사연
온종일 써도 대답 없다.
빨간 카네이션은 흔적 없는
어머니의 젊은 날을 피어봅니다.

* 2013년 5월 7일

오늘 기도

오늘이란 하루를 호흡하게 해 주심을 감사합니다.
오늘이란 시간 안에서 만나게 해 주시고
오늘이란 시간 안에서 기쁨을 함께 나누게 해 주시고
오늘이란 시간 안에서 내일의 소망을 있게 해 주심에
두 손 모아 감사 기도드립니다.

오늘이란 하루를 호흡하게 해 주심을 감사합니다.
오늘이란 시간 안에서 선과 악을 구별할 지혜 주시고
오늘이란 시간 안에서 빛과 어둠을 알게 해 주시고
오늘이란 시간 안에서 거짓과 진실을 알게 해 주심에
두 손 모아 감사 기도드립니다.

오늘이란 하루를 호흡하게 해 주심을 감사합니다.
오늘이란 시간 안에서 나와 가족이 함께 해 주시고
오늘이란 시간 안에서 일과 동료를 함께 있게 해 주시고
오늘이란 시간 안에서 돌아갈 집이 있음에
두 손 모아 감사 기도드립니다.

오늘이 가면
또 다른 오늘을 주심에 감사 기도드립니다.

어머니와 내가 만난 인연

봄을 시샘하여도
좁은 오솔길에 꽃비가 내립니다.
참으로 예쁘고 고운 어머니
융단을 깔듯이 꽃길 되어 주셨는데
먼 길 차림 하니 눈물이 납니다.
이승에서 어머니와 내가 만났던 것은
기적이라 아니할 수 없어 참 감사합니다.
해마다 이맘때면 벚꽃경관 즐겼는데
올해는 그냥저냥 보내 봅니다.
하늘에는 별이 있지만
내 가슴속에는 별보다도 더
아름다운 어머니가 있습니다.
그러니 어머니를 별보다 더 사랑했습니다.
꽃이 제아무리 아름다울지라도
별이 제아무리 반짝일지라도
꽃과 별을 보던 내가
꽃과 별을 닮아서
어머니를 더 많이 사랑하게 되었나 봅니다.

*2013년 4월 23일 서승권 집사 어머니 소천 소식 접하면서

어찌하란 말입니까

주님! 주님께서 주신 인간 세상에
주어진 시간이 지나갈 때 시름도 점점 깊어 가는데,
뻥! 뚫려 버린 작은 가슴을
어찌하란 말입니까
살아오며 잃어버린 것들, 오늘도 보내는 한 영혼이
나를 휘감으며 질책하는데
어찌하란 말입니까
잊고 가야 하는 시간의 굴레 속에서
한 영혼을
주님의 품에 안겨진 밝은 미소를 바라보길 원합니다.
내가 할 수 있는 것 아니 내게 남은 것이
아무것도 없음에 자책감과 후회한들
어찌하란 말입니까

*故이충하 집사 보내며 2013년 4월 11일

예수 발자국

피로 세상을 씻어주고
다시 사신 몸으로 다가옵니다.
이내
온몸으로 세상을 품습니다.
당신이 남긴
발자국 따라 가는 길
내 허물은
세상 어디에도 보이지 않습니다.

주님 기다리는 마음

가는 시간에 간절한 마음 담아
핏자국 손으로 그려 보는 얼굴
주님의 향기일까? 내 마음일까?
주님을 기다립니다.

주님 품으로 가자

어둠 속
빛 되어
주님께 간다면
주님께서
나 위해
촛불 켜고 맞아 주실까?
몸 씻고도
부숴진 모습으로
주님께 간다면
주님께서
나 위해
가슴으로 맞아 주실까?
피멍으로 찢어진 마음도
풀잎 끝 이슬방울처럼
온몸을 닦아주시는 주님.
사람아!
아픔도, 슬픔도
모두 안고 주님께 가자!
사랑으로 기다리는
주님 품으로 가자.

주님!

나의 삶에 순간순간마다
간섭하시는 주님!
그러나
나의 교만과 이기심
또한,
나의 아집과 편견 때문에
나는 주님을 볼 수 없습니다.
세상 모든 것
'다 주신다' 는 주님!
내 마음에 주님을 찾을 수 있는 지혜를 주소서.

주님과 나는

꺾인 날개로 좌절된 내 꿈에 용기 주시는 주님
주님에게 나는 지렛대와 같은 삶의 존재가 되고 싶다.
터질 듯 답답한 내 마음에 귀 기울여 담아내시는 주님
주께서 언제나 찾아오셔도
편히 쉬어 가는 쉼터가 되고 싶다.
하루를 시작하는 창을 여는 햇살 같은 주님
먼 길 오신 주님의 힘겨운 걸음에
더위를 식혀 갈 그늘이 되고 싶다.
눈물 흘리고 싶은 날에 어깨 내밀어 울어도
흉 되지 않을 믿음직한 주님
지치고 외로운 주님께 마음의 위안이 되고 싶다.
나는 주님께 있는 듯 없는 듯하지만
꼭 있어야 할 사람이 되고 싶다.

주님께만은

주님은 항상 나에게
따사롭고 포근한 햇살이었어요.
이슬 듬뿍 머금은 꽃은
머슴 길
가길 원합니다.
불면 쓰러질까
손에 닿으면 터질까
조심스레 다루는 수정처럼
주님께만은
귀하고 소중한 머슴으로 기억되고 싶습니다.
험난한 세상이지만
세파에 물들지 않은 모습으로
맑고 순수한 감성을 지닌
모습으로 기억되고 싶습니다.

주님의 사랑

함께할 땐
알 수 없었다.
그러나
떠난 후 알았다.
주님의 사랑을……

주님이 있기에 내가 있고

함께하는 이 순간도 사랑받고 또 하루를 살게 하는 것은
찬양하며 춤추니 무엇도 훼방(毁謗)할 수 없고
그 어떠한 굴레서도 찬양하고픈 마음을 가둘 수 없어
누르면 누를수록 터져 오르는 기쁨에 견딜 수 없어요.
주님이 있기에 내가 있고
주님과 내 사이 갈라놓으려는
마귀도 가까이 오지 못하네.

주님이라면 좋겠습니다

손 내밀어 잡을 수 있는 아주 가까운 곳
더 다가갈 수가 없어
바라볼 수밖에 없는 저를 아시나요. 주님!
누군지 알 수 있는 멀지 않은 거리에서
언제나 서 있어 주는 주님!
원치 않는 것을 포기할 만큼은 어렵지 않게
언제나 말해 주는 주님!
남들은 사랑이 아니라고 말하는 그런 사랑도
저에게는 참 소중한 사랑이라고 말해 줄 수 있다면
그런 사랑을 말해 주는 그분이
주님이라면 참 좋겠습니다.

카네이션

꽃 한 송이 빨간 카네이션
매달린 가슴도 잃은 채
고이고이 누워 있다.
되돌아본 삶이
고요 속으로 흐를 때
인생무상을 덜어 내지 못한 사연
장년의 냉가슴은
가슴앓이에 괸
마음을 품고 간다.
백발에 헐거워진 마음-팍
지난세월 삶의 생각은
꽃 한 송이로 끝마쳤다.
무슨 사연 있기에
관망하며 모습을 지키고
카네이션 부표에 눈 감는다.
주님! 거친 이 세상
독백으로 품은 채
오늘도 낡아져 내린다.

함께 웃고 울던 믿음의 형제 극에게

작은 소망이라도 줄 수 있는 사람이
"내가" 될 수 있다면……
아무런 바램 없다.
그저
그냥 줄 수 있는 사람이
"내가" 될 수 있다면……
시한부 인생을 살고 있는 사람처럼
지금도 밖만을 주시하는 극에게
작지만 용기와 소망을 주고 싶다.
힘들어 하고 있을 때
내 작은 힘이나마 보탬이 될 수 있다면
길을 헤매고 있는
극 앞에
이정표로 서 주고 싶다.
아직
먼 길을 가야 할 삶인데
난
함께 나누고 싶다.
끝없이 뻗어 올리는 담쟁이처럼
너와 내가 바라던 것을
하나하나
이루어 가며

내가 가지고 있는 것
네가 가지고 있는 것들을
마음으로 줄 수 있을 만큼씩 나누고 싶다.
아니,
내가 나를 던져서라도
그렇게 살고 싶다.
담벼락 잡고 오르는 담쟁이처럼

* 2013년 4월 29일 진 집사 생각하면서

사노라면 이럴 때도 있지요

웃음을 머금고 한세상을 보내도 아쉽다는 삶인데, 눈물을 머금고 한세상 보내니 얼마나 힘들었는지요. 눈물의 자국을 지우고 빠른 걸음으로 당신을 찾아왔지만 이내 떠나가는 당신의 뒷모습을 보니 내 마음도 덩달아 바빠지네요.

잠시 잠깐 있다가 사라지는 이슬처럼 홀연히 사라지는 당신도 흔적조차 없애는 시간 때문에 내 삶을 숨 돌릴 틈을 주지 않습니다.

지금도 호흡하는 숨소리 장단에 "짹-각 짹-각" 시간은 빠르게 가고 있습니다. 한마디로 산다는 것이 기진맥진(氣盡脈盡)이라고 말하고 싶습니다.

한때는 산다는 것이 힘들고 치사하여 빠르게 시계바퀴를 돌려 살만큼만 살고 가야지 하면서 노래를 불렀습니다. 지금 되돌아 생각해 보니 정말 황당하고 어처구니없는 철부지였음을 알았습니다.

이제 진심으로 주님을 내 마음속 깊이 영접하고 보니 일흔 번 일곱 절을 살아도 우수리로 남았습니다. 철부지 시간에서 빛보다 더 빠른 광음(光陰)으로 지나가는 삶의 모습입니다. 이제는 오래도록 숨소리로 호흡하고 싶습니다. 주님을 만난 그날부터.

백발이 되어 숨이 차도 호흡할 수 없을 때까지 주님과 함께하는 시간을 길게 해 주십시오.

장모님의 팔십 세 생신을 축하드리며

짚고도 잘 못 걷는 지팡이 삶이지만 죽지 않고 살아 있다는 것만으로도 감사와 행복을 느끼면서 히히히 하며 웃어 주던 장모님.

수대초풍(樹大招風)이라, 자식새끼 둘만 낳아 기르는 것도 노심초사하며 애를 녹이는데 하물며 6남매 낳아 기르시고 모두 다 시집 장가를 보내셨다. 속담에 짐승도 제 새끼는 사랑한다 하지만 그동안 겪으셨을 장모님의 희생이야말로 어찌 말로 표현할 수가 있으리오.

비로소 어른이 되어 자식을 낳아 길러 보니 장모님의 희생, 사랑을 조금이나마 알게 되었다.

주름진 이마에 눈웃음은 어느 여자보다 더 아름다웠고 목소리의 느낌은 항상 우아한 콘트라베이스(contrabass) 같았다.

장모님의 사랑은 하늘보다도 높고 바다보다도 깊다. 죽는 날까지 갚아도 다 갚지 못할 은혜는 이 작은 몸뚱아리에 가득가득 채워진 마음. 콧등을 찡그리게 했다. 도시생활이 바쁘고 어렵다는 핑계로 사위 된 도리를 다하지 못함은 늘 죄송스럽다.

금쪽같은 내 맘속의 장모님이 문득문득 생각이 나고 많이 보고 싶다.

장모님의 팔십 세 생신을 진심으로 축하드리며 이제는 사위 걱정일랑 하지 마시고 건강하고 행복하게 남은 삶을 편안히 사세요.

장모님 사랑합니다.

* 장모님 생신일(음력 3월 20일)

시간과 공간에서

잠에서 일어나면
나는
소곤소곤 기도합니다.
새로 맞는 새 삶에
손때 묻지 않은 순수한 나
먼 훗날 주님을 만나도 후회하지 않도록
활활 태워 봅니다.
바다 속 햇살 퍼지면
어둠은 도망치듯 가고
내가 던진 돌은 파문되어 퍼져 가니
시간과 공간에서 만남을 알차게 꾸며 봅니다.
기쁨으로 메운 하루가 해거름 될 때쯤이면
포근한 주님의 마음은 풋풋한 웃음 되니
감칠맛에 나는 사랑을 느껴 봅니다.

애인 같은 주님이 되어 드리지요

그 무엇인지 알 수 없지만 사람은 누구나 다 자기 자신에게 가장 소중한 것이 세상에 알리는 것을 싫어한다.

나 혼자만이 가지고 싶은 작은 욕심일까요, 아니면 누군가에게 도둑이라도 맞을까 봐 그럴까요.

그러나 사람은 매일매일 반복된 삶에서 때로는 지치고 고단한 몸을 편히 쉴 곳을 찾는다.

자신의 몸을 던져 버려도 될 만한 그곳에 꼭꼭 숨어버리고 싶은 마음이다.

"사람아! 내가 그대들의 편히 쉴 애인이라도 되어 드릴까요." 주님께서 말씀하신다.

그러나 어느 한 사람도 관심 두지 않았던 강변에 핀 이름도 알 수 없는 꽃처럼 너무 흔한 것은 싫어한다.

그렇다고 겉만 그럴듯하고 실속이 없는 빈 강정처럼 가볍고 천박한 것은 더욱 싫어한다.

속담에 '간이라도 빼어 먹이겠다.' 말처럼 금쪽같은 보석을 다루듯 귀하게 여겨주길 바란다.

오직 자신에게만은 그 누구보다도 귀하고 소중한 자기 자신이 되고 싶은 마음이니까.

아무도 모르게 살짝 꺼내 보고 다시 넣어 두는 보석처럼 당신이 못 견디게 그립고 보고 싶을 땐 언제든지 찾아와 쉼을 얻을 수 있는 애인 같은 주님이 되어 드리지요.

저자와의
협약으로
인지생략

박복수 시집

행복합니다

초판발행 2014 년 11월 1일

지은이 | 박복수
펴낸이 | 김효열
편집부장 | 김경희
편 집 | 이미정
마케팅 | 김효숙 · 김영미

펴낸곳 | **을지출판공사**

등록번호 · 제 2-741 호
등록일자 · 1985 년 2월 14일
주 소 · 서울시 마포구 양화로6길 27-5(서교동) 301호
우편번호 · 121-840
전 화 · 02) 334-4050
팩 스 · 02) 334-4010
E-mail : ejp4050@hanmail.net

값 10, 000원

* 잘못된 책은 바꿔 드립니다.

ISBN 978-89-7566-153-2 03810